Impressum
Verlag: BABADADA GmbH, Nedderfeld 112 , 22529 Hamburg
Geschäftsführer / Verlagsleitung: Harald Hof
Druck: Books on Demand GmbH, In de Tarpen 42, 22848 Norderstedt

Imprint
Publisher: BABADADA GmbH, Nedderfeld 112 , 22529 Hamburg, Germany
Managing Director / Publishing direction: Harald Hof
Print: Books on Demand GmbH, In de Tarpen 42, 22848 Norderstedt, Germany

escola

مدرسه

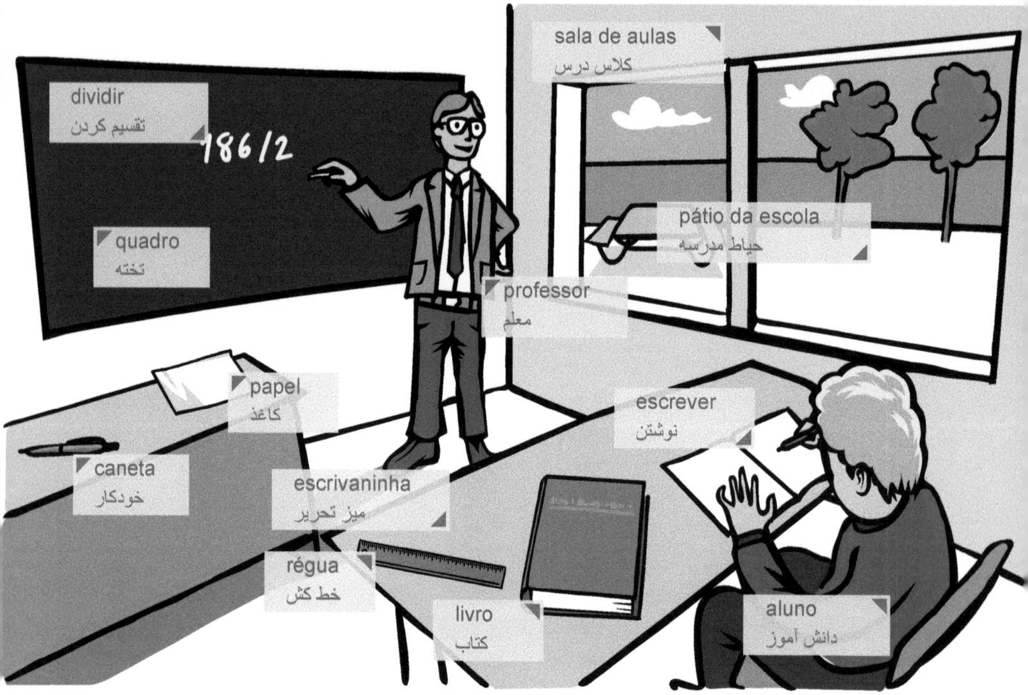

sala de aulas
کلاس درس
dividir
تقسیم کردن
186/2
pátio da escola
حیاط مدرسه
quadro
تخته
professor
معلم
papel
کاغذ
escrever
نوشتن
caneta
خودکار
escrivaninha
میز تحریر
régua
خط کش
livro
کتاب
aluno
دانش آموز

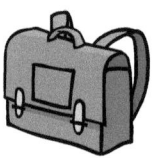

sacola

کیف مدرسه

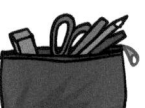

estojo de lápis

جامدادی

lápis

مداد

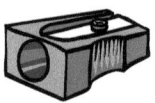

apontador de lápis

تراش

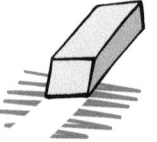

borracha

پاک کن

bloco de desenho

دفتر رسم

desenho

طراحی

pincel

قلم مو

estojo de tintas

جعبه ی آبرنگ

tesoura

قیچی

cola

چسب

livro de exercícios

کتاب تمرین

lição de casa

تکلیف خانه

número

رقم

somar

جمع کردن

subtrair

تفریق کردن

multiplicar

ضرب کردن

calcular

محاسبه کردن

letra

حرف الفبا

alfabeto

الفبا

palavra

کلمه

texto

متن

ler

خواندن

giz

گچ

hora

درس

registro da classe

ثبت نام

exame

امتحان

certificado

مدرک رسمی

uniforme escolar

لباس مدرسه

educação

تحصیلات

enciclopédia

دانشنامه

universidade

دانشگاه

microscópio

میکروسکوپ

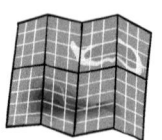

mapa

نقشه

cesto de lixo

سبد کاغذ باطله

viagem
سفر

hotel
هتل
Grand
albergue
مسافرخانه
ROOMS
EXCHANGE
casa de câmbio
صرافی
mala
چمدان
carro
اتومبیل

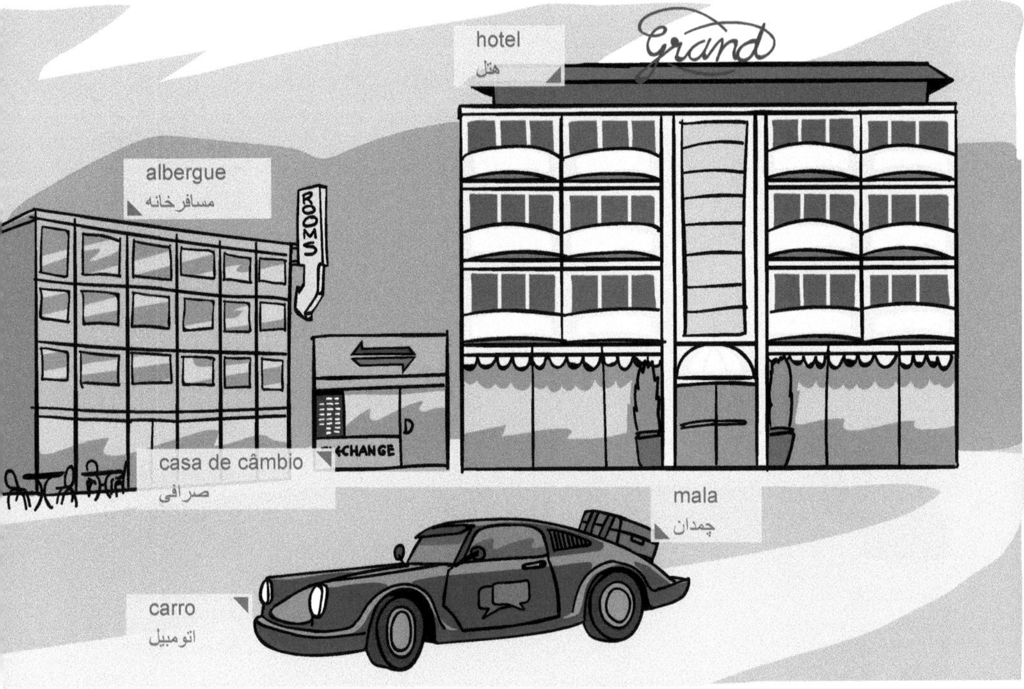

idioma
زبان

sim / não
بله / خیر

ok
اُکی

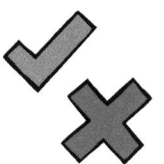

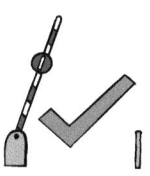

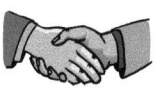

Olá
سلام

tradutor
مترجم

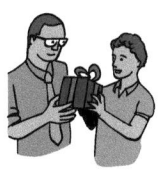

obrigado
ممنون

quanto custa...?

قیمت ... چه قدر است؟

eu não entendo

من متوجه نمی شوم

problema

مشکل

boa noite!

عصر بخیر! / شب بخیر!

Bom dia!

صبح بخیر!

Boa noite!

شب بخیر!

até logo

خداحافظ

direção

جهت

bagagem

بار سفر

bolsa

کیف

mochila

کوله پشتی

convidado

مهمان

quarto

اتاق

saco de dormir

کیسه خواب

barraca

خیمه

informação turística

مرکز راهنمای گردشگران

praia

ساحل

cartão de crédito

کارت اعتباری

café da manhã

صبحانه

almoço

نهار

jantar

شام

bilhete

بلیط

elevador

آسانسور

selo

مهر

fronteira

مرز

alfândega

گمرک

embaixada

سفارتخانه

visto

ویزا

passaporte

گذرنامه

transporte

حمل و نقل

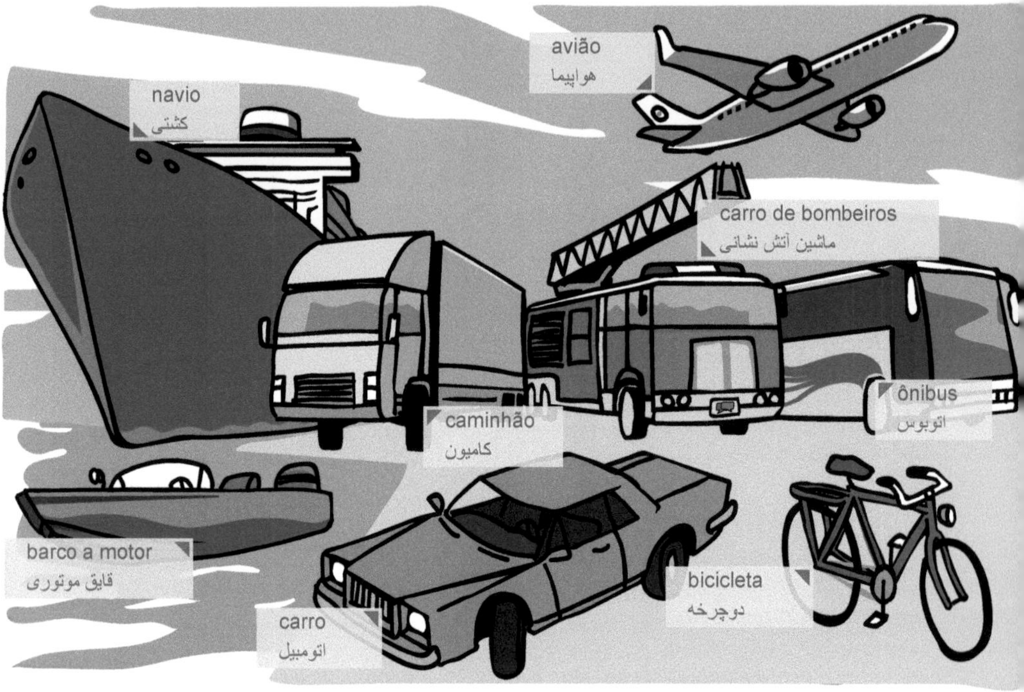
avião
هواپیما
navio
کشتی
carro de bombeiros
ماشین آتش نشانی
ônibus
اتوبوس
caminhão
کامیون
barco a motor
قایق موتوری
bicicleta
دوچرخه
carro
اتومبیل

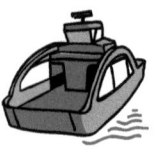

balsa

کشتی مسافربری

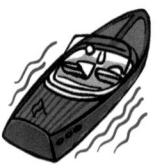

barco

قایق

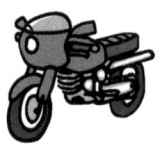

motocicleta

موتورسیکلت

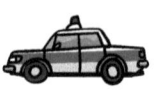

veículo policial

ماشین پلیس

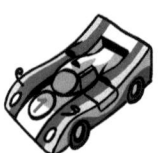

carro de corrida

ماشین مسابقه

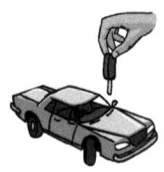

carro de aluguel

ماشین کرایه ای

compartilhamento de
automóvel

به اشتراک گذاری اتوموبیل

caminhão de reboque

جرثقیل

caminhão de lixo

ماشین حمل زباله

motor

موتور

combustível

بنزین

posto de gasolina

پمپ بنزین

placa de trânsito

تابلو راهنمایی و رانندگی

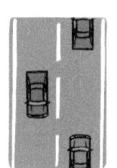

trânsito

عبور و مرور

trânsito lento

ترافیک

estacionamento

پارکینگ

estação de trem

ایستگاه قطار

trilhos

ریل راه آهن

trem

قطار

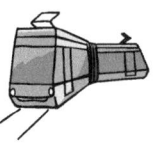

bonde

قطار برقی

vagão

واگن

helicóptero

هلیکوپتر

aeroporto

فرودگاه

torre

برج

passageiro

مسافر

contêiner

کانتینر

cartolina

کارتن

carroça

گاری

cesto

سبد

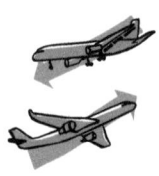

decolar / pousar

به پرواز درآمدن / فرود آمدن

cidade

شهر

vilarejo

دهکده

centro da cidade

مرکز شهر

casa

خانه

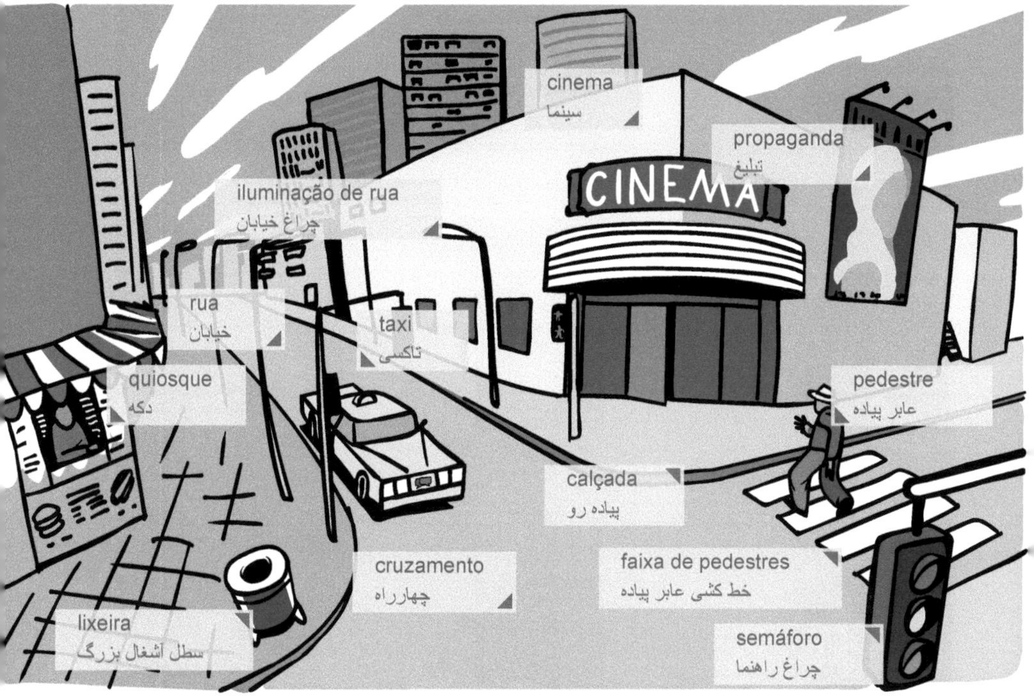
cinema
سینما
CINEMA
propaganda
تبلیغ
iluminação de rua
چراغ خیابان
rua
خیابان
taxi
تاکسی
quiosque
دکه
pedestre
عابر پیاده
calçada
پیاده رو
cruzamento
چهارراه
faixa de pedestres
خط کشی عابر پیاده
lixeira
سطل آشغال بزرگ
semáforo
چراغ راهنما

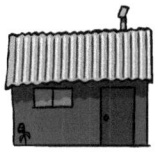

cabana

کلبه

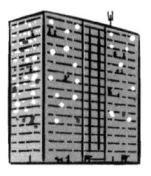

apartamento

آپارتمان

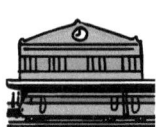

estação de trem

ایستگاه قطار

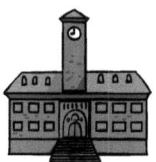

prefeitura

ساختمان شهرداری

MUSEUM

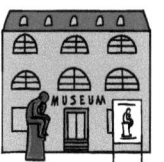

museu

موزه

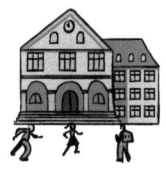

escola

مدرسه

universidade

دانشگاه

banco

بانک

hospital

بیمارستان

hotel

هتل

farmácia

داروخانه

escritório

اداره

livraria

کتابفروشی

loja

مغازه

floricultura

گل فروشی

supermercado

سوپرمارکت

mercado

بازار

loja de departamentos

فروشگاه بزرگ

peixaria

ماهی فروش

centro comercial

مرکز خرید

porto

بندر

parque

پارک

banco

نیمکت

ponte

پل

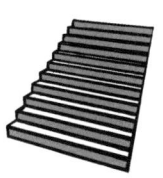

escadas

پله

metrô

مترو

túnel

تونل

ponto de ônibus

ایستگاه اتوبوس

bar

میخانه

restaurante

رستوران

caixa de correspondência

صندوق پست

placa de rua

تابلوی خیابان

parquímetro

دستگاه پارکومتر

zoológico

باغ وحش

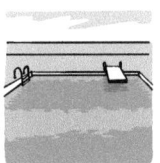

piscina

استخر شنای عمومی

mesquita

مسجد

fazenda

مزرعه

poluição

آلودگی محیط زیست

cemitério

قبرستان

igreja

کلیسا

parquinho

زمین بازی

templo

معبد

paisagem

چشم انداز

folha
برگ

placa de sinalização
تابلوی راهنمای مسیر

caminho
راه

gramado
چمنزار

pedra
سنگ

árvore
درخت

caminhantes
راه نورد

rio
رودخانه

grama
چمن

flor
گل

vale

دره

montanha

تپه

lago

دریاچه

floresta

جنگل

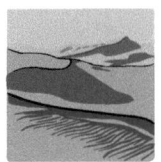

deserto

بیابان

vulcão

کوه آتشفشان

castelo

قلعه

arco-íris

رنگین کمان

cogumelo

قارچ

palmeira

درخت نخل

mosquito

پشه

mosca

مگس

formiga

مورچه

abelha

زنبور

aranha

عنکبوت

besouro

سوسک

sapo

قورباغه

esquilo

سنجاب

ouriço

جوجه تیغی

lebre

خرگوش صحرایی

coruja

جغد

pássaro

پرنده

cisne

قو

javali

گراز

veado

گوزن نر

alce

گوزن شمالی

barragem

سد آب

aerogerador

توربین بادی

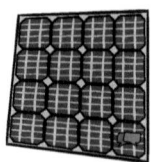

painel solar

صفحه ی خورشیدی

clima

آب و هوا

restaurante

رستوران

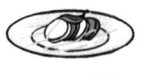

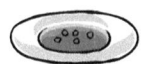

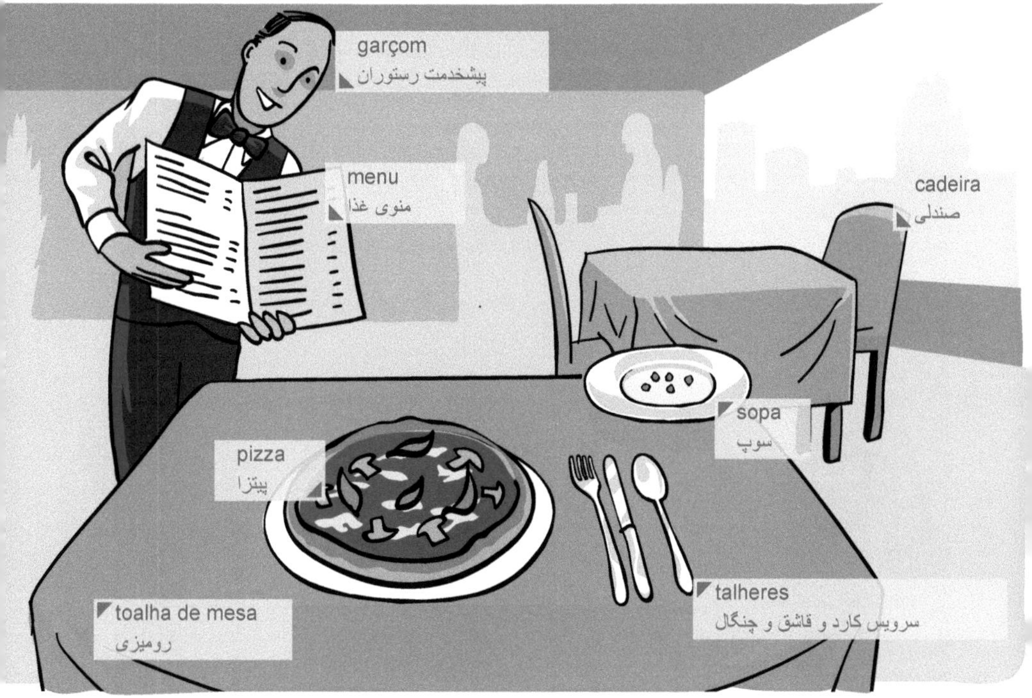
garçom
پیشخدمت رستوران
menu
منوی غذا
cadeira
صندلی
sopa
سوپ
pizza
پیتزا
talheres
سرویس کارد و قاشق و چنگال
toalha de mesa
رومیزی

entrada

پیش‌غذا

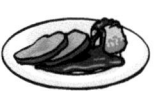

prato principal

غذای اصلی

sobremesa

دسر

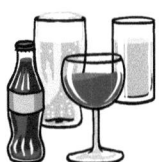

bebidas

نوشیدنی ها

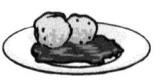

comida

غذا

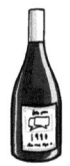

garrafa

بطری

fastfood

فست فود

comida de rua

اغذیه خیابانی

bule de chá

قوری

açucareiro

قندان

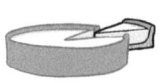

porção

پُرس غذا

máquina de expresso

دستگاه اسپرسو

cadeirão

صندلی پایه بلند غذاخوری بچه

conta

صورتحساب

bandeja

سینی

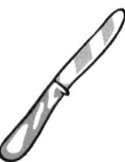

faca

چاقو

garfo

چنگال

colher

قاشق

colher de chá

قاشق چایخوری

guardanapo

دستمال سفره

copo

لیوان

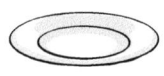

prato

بشقاب

prato de sopa

بشقاب سوپخوری

pires

نعلبکی

molho

سس

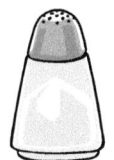

saleiro

نمکدان

moedor de pimenta

فلفل ساب

vinagre

سرکه

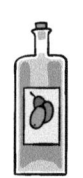

óleo

روغن خوراکی

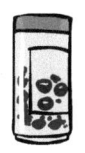

especiarias

ادویه جات

ketchup

سس کچاپ

mostarda

سس خردل

maionese

سس مایونز

supermercado

سوپرمارکت

oferta especial
پیشنهاد ویژه
FOR
cliente
مشتری
laticínios
لبنیات
frutas
میوه جات
carrinho de compras
چرخ دستی خرید

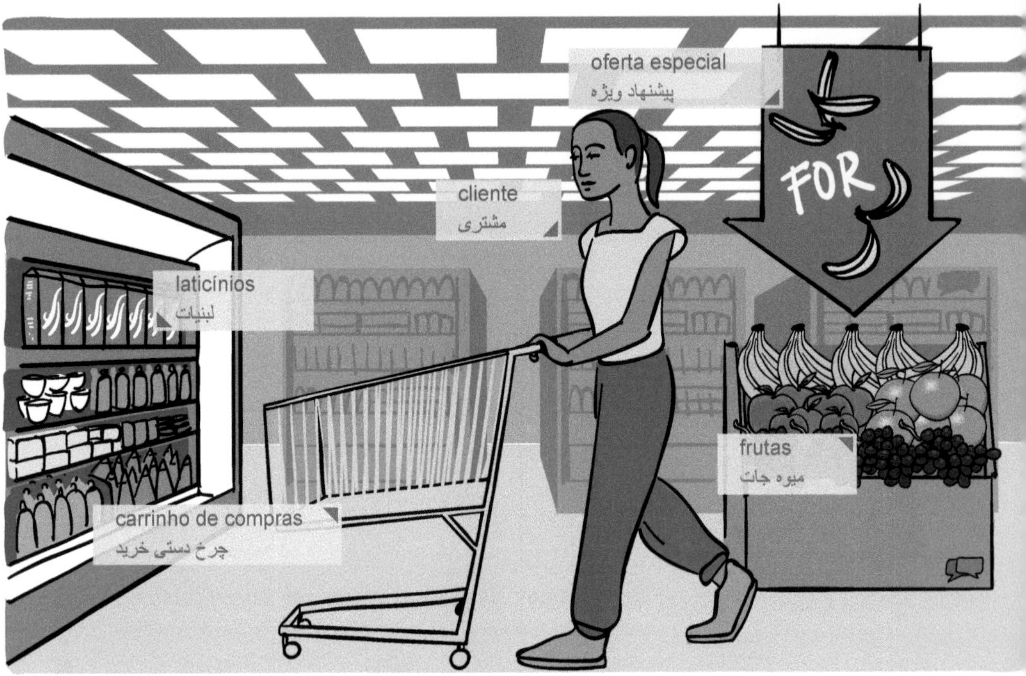

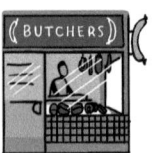

BUTCHERS

açougue

قصابی

BAKERY

padaria

نانوایی

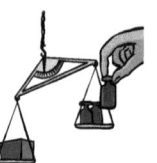

pesar

وزن کردن

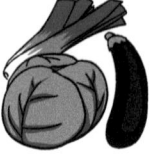

legumes

سبزیجات

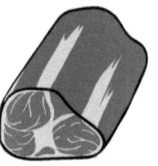

carne

گوشت

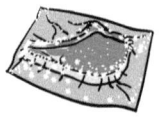

congelados

غذای منجمد

charcutaria

مخلوطی از انواع کالباس با پنیر که ورقه ای بریده شده باشند

conservas

غذای کنسروی

detergente em pó

پودر لباسشویی

doces

شیرینی جات

artigos domésticos

لوازم خانگی

produtos de limpeza

ماده شوینده و پاک کننده

vendedora

فروشنده

caixa

صندوق پرداخت

caixa

صندوقدار

lista de compras

لیست خرید

horário de funcionamento

ساعات کار

carteira

کیف پول

cartão de crédito

کارت اعتباری

sacola

کیف

saco plástico

کیسه ی پلاستیکی

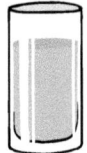

água

آب

suco

آبمیوه

leite

شیر

coca-cola

نوشابه کوکاکولا

vinho

شراب

cerveja

آبجو

álcool

الکل

cacau

کاکائو

chá

چای

café

قهوه

expresso

قهوه اسپرسو

cappuccino

کاپوچینو

banana

موز

maçã

سیب

laranja

پرتقال

melão

انواع هندوانه و خربزه

limão

لیمو

cenoura

هویج

alho

سیر

bambu

نی بامبو

cebola

پیاز

cogumelo

قارچ

nozes

آجیل

macarrão

ماکارونی

espaguete

اسپاگتی

arroz

برنج

salada

سالاد

batatas fritas

سیب زمینی سرخ کرده

batatas frias

سیب زمینی سرخ شده

pizza

پیتزا

hambúrger

همبرگر

sanduíche

ساندویچ

escalope

شنیتسل

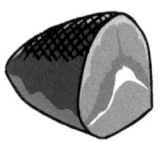

presunto

ژامبون خوک

salame

سالامی

salsicha

سوسیس

galinha

مرغ

assado

نوعی گوشت سرخ شده

peixe

ماهی

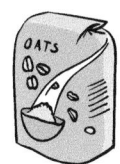

flocos de aveia

جوی پرک شده

granola

نوعی صبحانه مخلوطی از برگه ذرت و
میوه های خشک شده و خشکبار که
معمولا با شیر خورده می شود

flocos de milho

کورن‌فلکس

farinha

آرد

croissant

کرواسان

pãozinho

نان برونتشن

pão

نان

torrada

نان تست

biscoitos

بیسکویت

manteiga

گره

requeijão

کشک

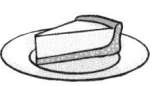

bolo

کیک

ovo

تخم مرغ

ovo frito

تخم مرغ نیمرو

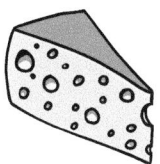

queijo

پنیر

sorvete

بستنی

açúcar

شکر

mel

عسل

geleia

مربا

creme de avelãs

کرم شکلاتی بادامی

curry

ادویه کاری

fazenda
مزرعه

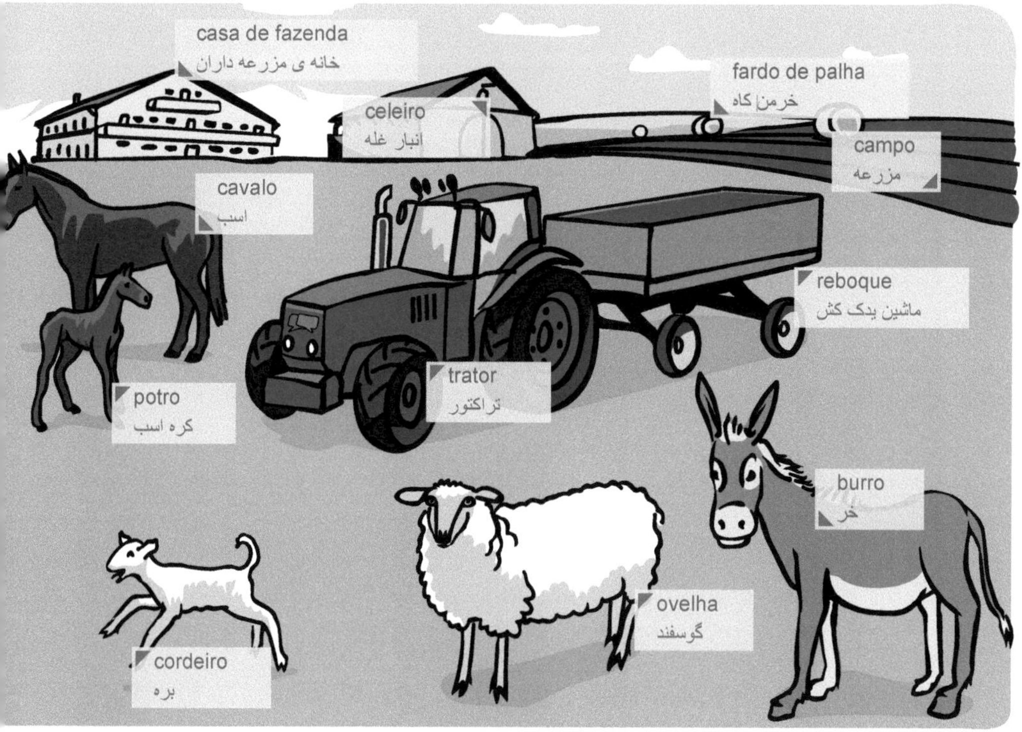
casa de fazenda
خانه ی مزرعه داران
celeiro
انبار غله
fardo de palha
خرمن گاه
campo
مزرعه
cavalo
اسب
reboque
ماشین یدک کش
trator
تراکتور
potro
کره اسب
burro
خر
ovelha
گوسفند
cordeiro
بره

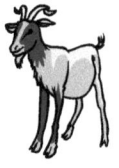

cabra

بز

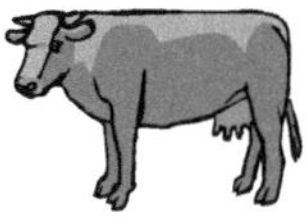

vaca

گاو ماده

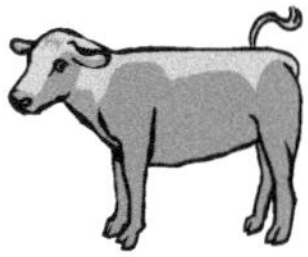

bezerro

گوساله

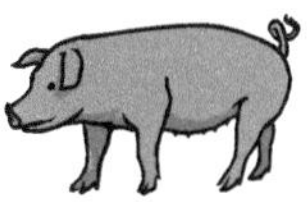

porco

خوک

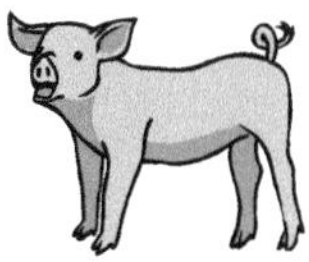

leitão

بچه خوک

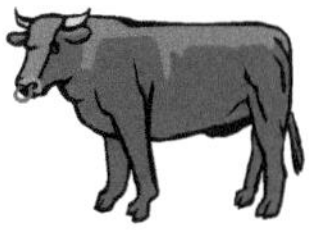

touro

گاو نر

ganso

غاز

pato

اردک

pintinho

جوجه

galinha

مرغ

galo

خروس

ratazana

موش صحرایی

gato

گربه

camundongo

موش

boi

گاو نر اخته

cachorro

سگ

casinha do cachorro

لانه ی سگ

mangueira de jardim

شلنگ باغبانی

regador

آبپاش

foice

داس دسته بلند

arado

گاوآهن

foice

داس

enxada

کج بیل

forquilha

چنگک باغبانی

machado

تبر

carrinho de mão

فرقون

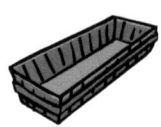

manjedoura

آبشخور

jarra de leite

بطری نگهداری شیر

saco

کیسه

cerca

حصار

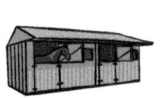

estábulo

اصطبل

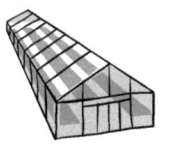

estufa

گلخانه

solo

خاک

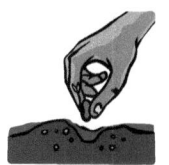

semente

بذر

fertilizante

کود

colheitadeira

ماشین کمباین

colher

برداشت کردن محصول

colheita

محصول

inhame

تمیس

trigo

گندم

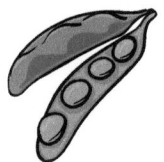

soja

سویا

batata

سیب زمینی

milho

ذرت

colza

کلزا

árvore frutífera

درخت میوه

mandioca

گیاه مانیوک

cereais

غلات

casa

خانه

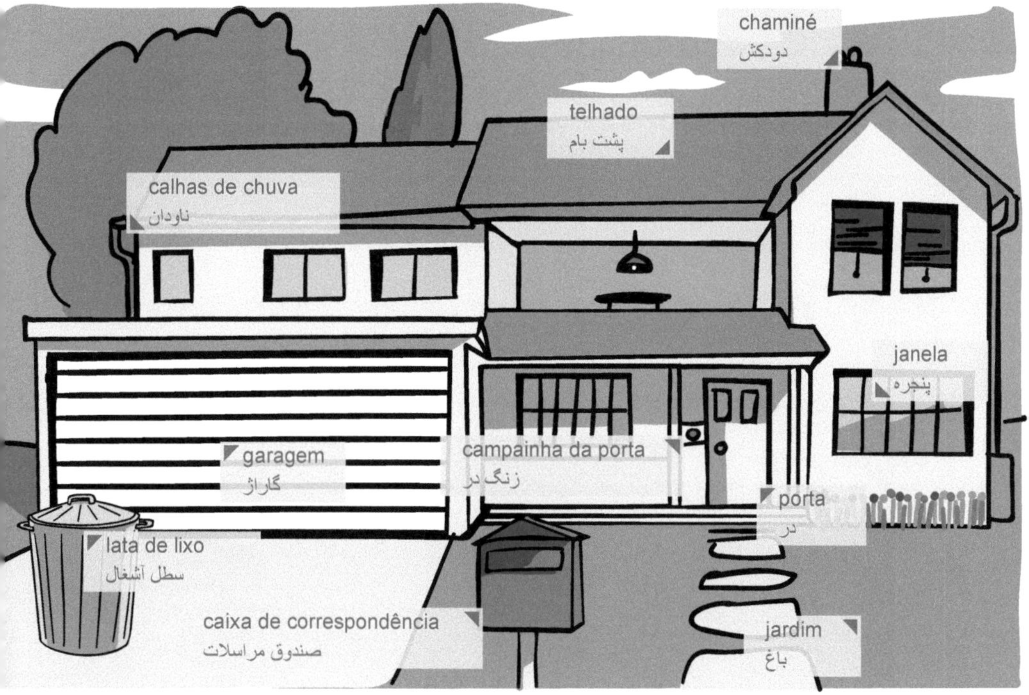
chaminé
دودکش
telhado
پشت بام
calhas de chuva
ناودان
janela
پنجره
garagem
گاراژ
campainha da porta
زنگ در
porta
در
lata de lixo
سطل آشغال
caixa de correspondência
صندوق مراسلات
jardim
باغ

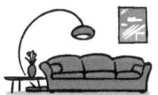

sala de estar

اتاق نشیمن

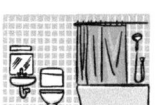

banheiro

حمام

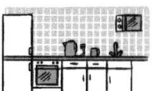

cozinha

آشپزخانه

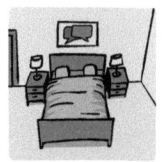

quarto de dormir

اتاق خواب

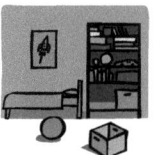

quarto de criança

اتاق بچه

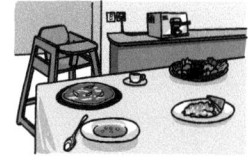

sala de jantar

ناهارخوری

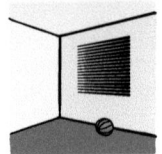

chão

کف زمین

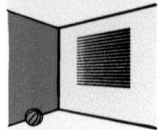

parede

دیوار

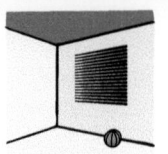

teto

سقف

porão

زیرزمین

sauna

سونا

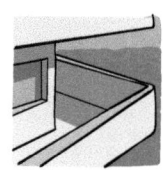

varanda

بالکن

terraço

تراس

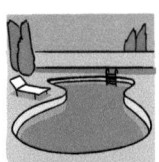

piscina

استخر

cortador de grama

ماشین چمنزنی

lençol

ملافه

coberta

روتختی

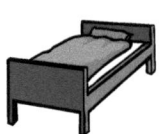

cama

تخت خواب

vassoura

جارو

balde

سطل

interruptor

سویچ یا کلید

sala de estar

اتاق نشیمن

papel de parede
کاغذ دیواری
quadro
عکس
lâmpada
لامپ
prateleira
قفسه
armário
کابینت
televisão
تلویزیون
lareira
شومینه
flor
گل
travesseiro
کوسن
sofá
کاناپه
vaso
گلدان
controle remoto
کنترل تلویزیون و ویدئو و غیره

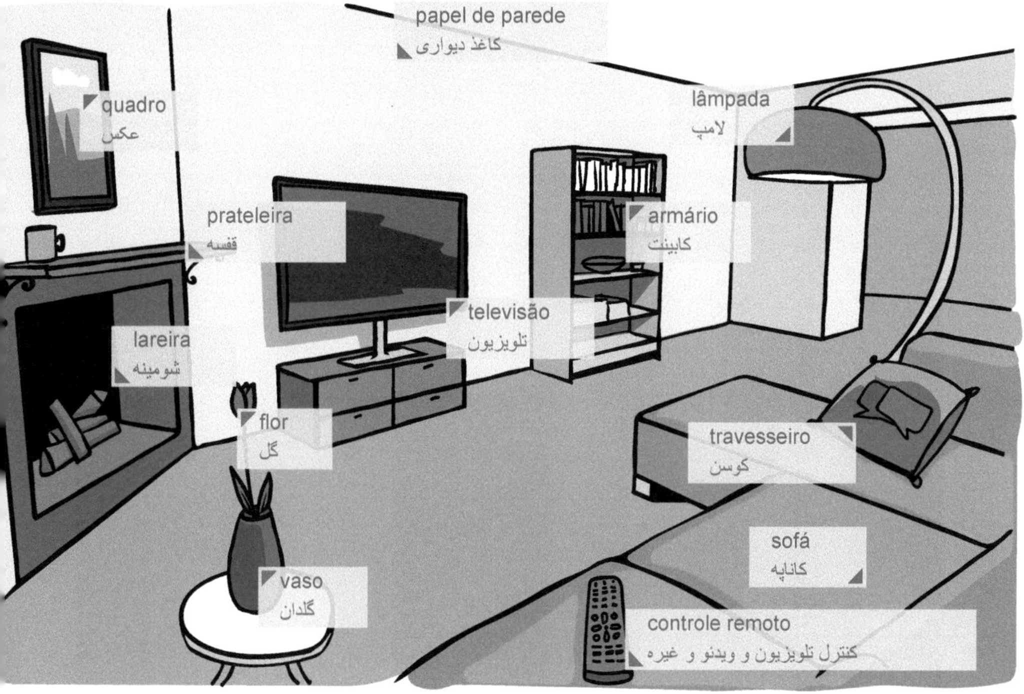

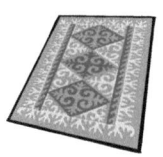

tapete

فرش

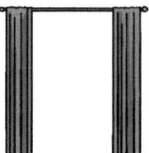

cortina

پرده

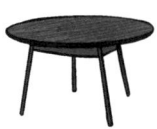

mesa

میز

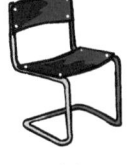

cadeira

صندلی

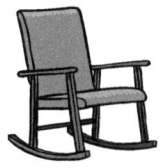

cadeira de balanço

صندلی گهواره ایی

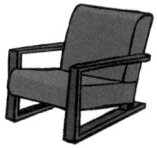

poltrona

صندلی راحتی

livro

كتاب

cobertor

لحاف

decoração

دکوراسیون

lenha

هیزم

filme

فیلم

equipamento de som

دستگاه ضبط صوت

chave

کلید

jornal

روزنامه

pintura

تابلو نقاشی

pôster

پوستر

rádio

رادیو

bloco de notas

دفترچه یادداشت

aspirador

جاروبرقی

cacto

کاکتوس

vela

شمع

cozinha
آشپزخانه

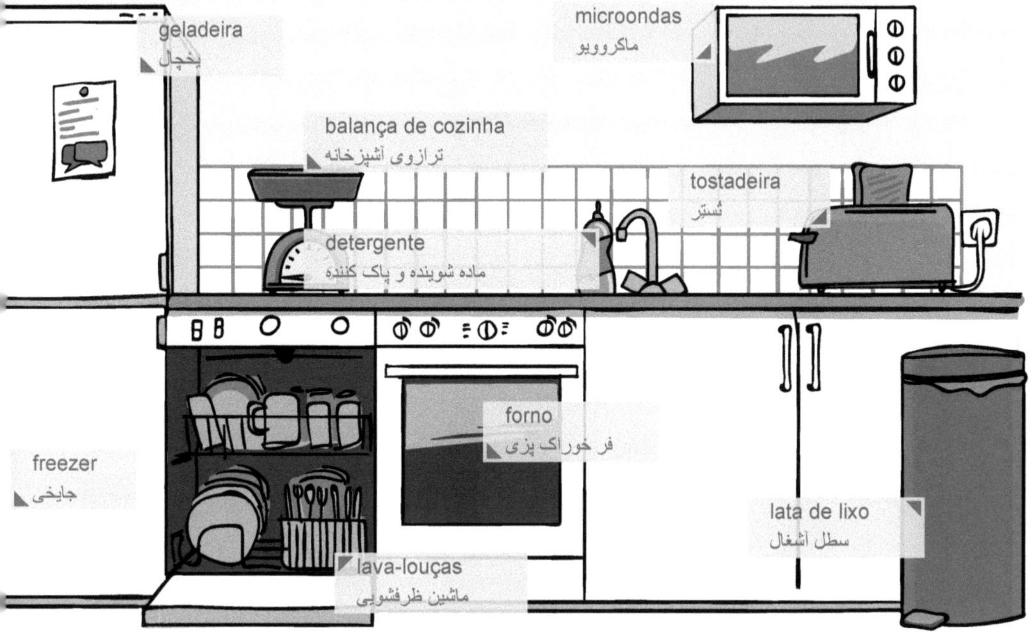
geladeira
يخچال
microondas
ماکروویو
balança de cozinha
ترازوی آشپزخانه
tostadeira
تُستر
detergente
ماده شوینده و پاک کننده
forno
فر خوراک پزی
freezer
جایخی
lata de lixo
سطل آشغال
lava-louças
ماشین ظرفشویی

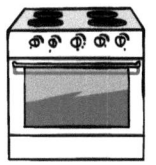

fogão

اجاق گاز

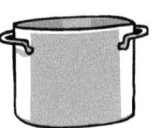

panela

قابلمه

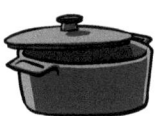

panela de ferro

قابلمه چدنی

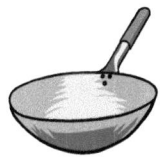

wok / kadai

ماهی تابه گود

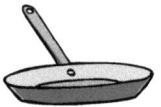

frigideira

ماهی تابه

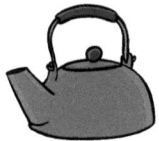

chaleira

کتری

panela a vapor

بخارپز

tabuleiro de forno

سینی فر

louça

ظرف چینی آشپزخانه

caneca

لیوان

caçarola

کاسه

hashi

چاپستیک

concha de sopa

ملاقه

espátula

کفگیر

batedor

همزن

escorredor

آبکش

peneira

آبکش

ralador

رنده

almofariz

هاون

churrasqueira

باربیکیو

lareira

محل مخصوص افروختن آتش

tábua de cortar

تخته گوشت و سبزی

rolo da massa

وردنه

saca-rolhas

در بطری بازکن

lata

قوطی

abridor de latas

در قوطی بازکن

pegador de panela

دستگیره پارچه ای

pia

سینک ظرفشویی

escova

برس گردگیری

esponja

اسفنج

liquidificador

مخلوط کن

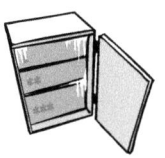

congelador

فریزر

mamadeira

شیشه شیر بچه

torneira

شیر آب

banheiro

حمام

aquecimento
بخاری
toalha
حوله
ducha
دوش
cortina de chuveiro
پرده ی حمام
banho de espuma
حمام کف
banheira
وان حمام
lava-roupa
ماشین لباسشویی
azulejos
کاشی
torneira
شیر آب
copo
لیوان
penico
لگن دستشویی کودکان
pia
سینک ظرفشویی

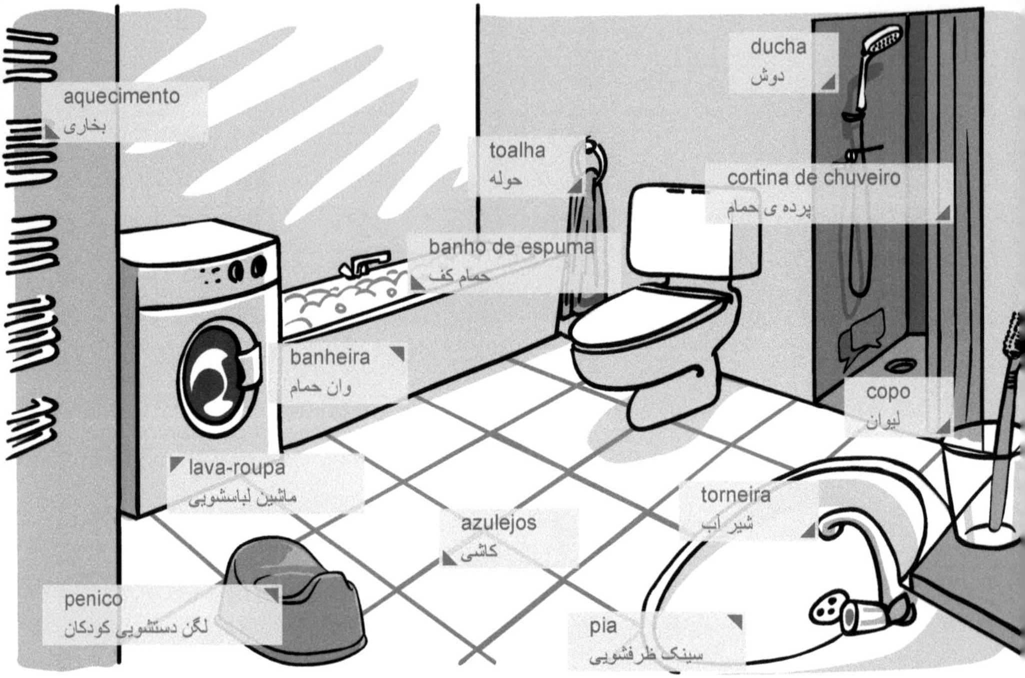

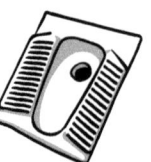

vaso sanitário

توالت

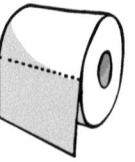

lavabo de agachar

توالت ایرانی

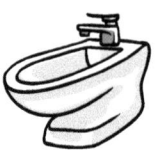

bidê

کاسه توالت

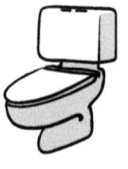

mictório

توالت مخصوص آقایان

papel higiênico

دستمال توالت

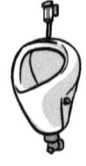

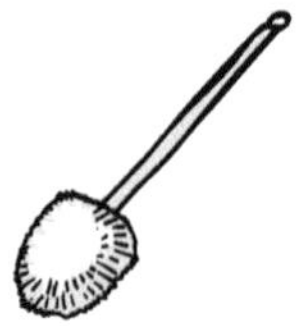

escova de privada

فرچه توالت

escova de dentes

مسواک

pasta de dentes

خمیردندان

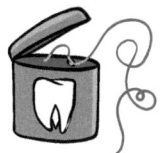

fio dental

نخ دندان

lavar

شستن

ducha de mão

دوش آب تلفنی

ducha íntima

شلنگ توالت

bacia

لگن روشویی

escova para as costas

برس شست و شوی پشت

sabonete

صابون

gel de banho

شامپو بدن

xampu

شامپو

toalha de rosto

لیف حمام

escoamento

راه آب

creme

کرم

desodorante

اسپری دئودورانت

espelho

آیینه

espelho de mão

آیینه ی کوچک دستی

barbeador

تیغ ریش تراشی

espuma de barbear

کف ریش تراشی

loção pós-barba

آفترشیو

pente

شانه ی سر

escova

برس

secador de cabelo

سشوار

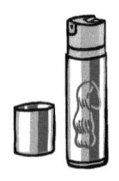

spray de cabelo

اسپری مو

maquiagem

آرایش

batom

رژلب

esmalte de unhas

لاک ناخن

algodão

پنبه

tesoura para unhas

قیچی ناخن

perfume

عطر

nécessaire

کیف لوازم آرایشی و بهداشتی

banquinho

چهارپایه

balança

ترازو

roupão de banho

حوله ی پالتویی

luvas de borracha

دستکش ظرفشویی

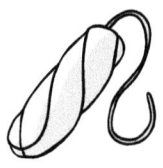

absorvente interno

تامپون

absorvente íntimo

نوار بهداشتی

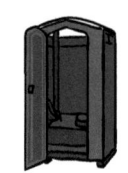

banheiro químico

توالت سیار

quarto de criança

اتاق بچه

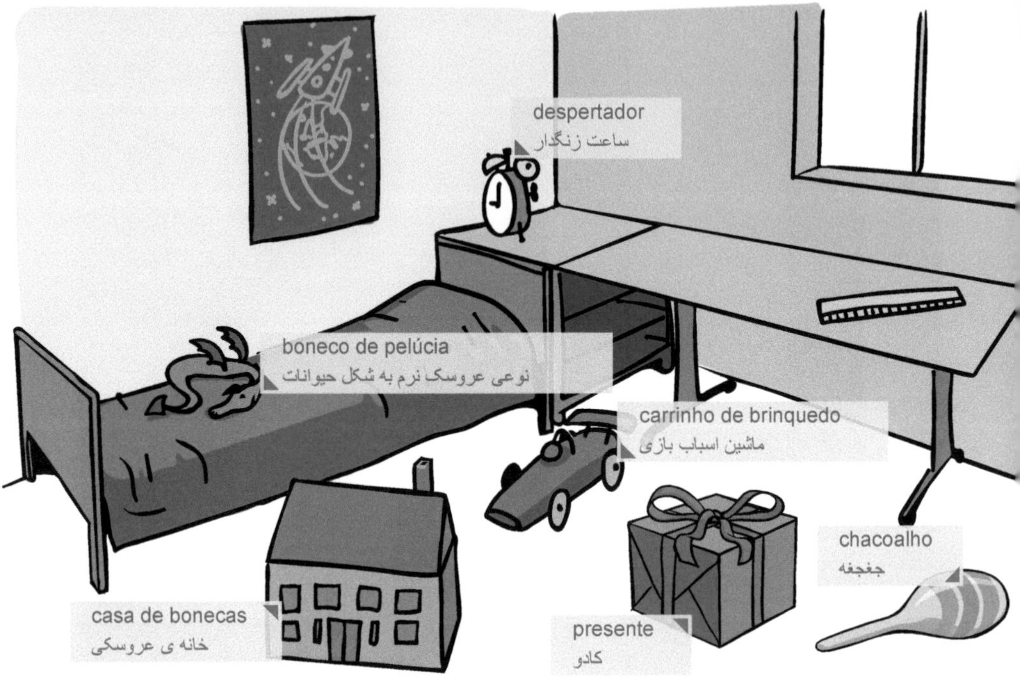

despertador
ساعت زنگدار
boneco de pelúcia
نوعی عروسک نرم به شکل حیوانات
carrinho de brinquedo
ماشین اسباب بازی
chacoalho
جغجغه
casa de bonecas
خانه ی عروسکی
presente
کادو

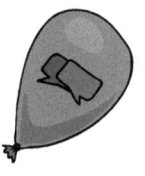

balão
....
بادکنک

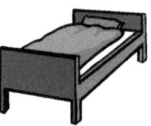

cama
....
تخت خواب

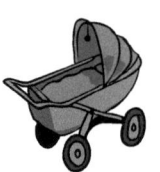

carrinho de bebê
....
کالسکه بچه

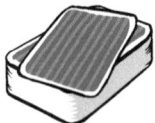

jogo de cartas
....
بازی ورق

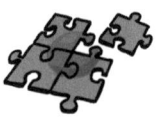

quebra-cabeças
....
پازل

SUPER
MEGA

revista de quadrinhos
....
داستان مصور

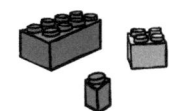

peças de Lego

اسباب بازی لگو

blocos de construção

خانه سازی

figura de ação

عروسک شخصیت های فیلم و کارتون

macaquinho de bebê

لباس نوزاد

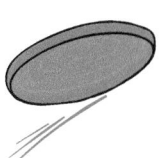

frisbee

فریزبی

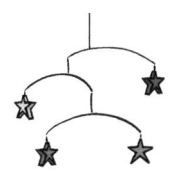

móbile para bebê

نوعی اسباب بازی که روی تخت نوزاد
یا کودک نصب می شود

jogo de tabuleiro

بازی روی صفحه

dados

تاس

trenzinho elétrico

قطار اسباب بازی

chupeta

پستانک

festa

مهمانی

livro ilustrado

کتاب مصور

bola

توپ

boneca

عروسک

brincar

بازی کردن

caixa de areia

جعبه شنی مخصوص بازی کودکان

balanço

تاب

brinquedos

اسباب بازی

videogame

کنسول بازی های کامپیوتری

triciclo

سه چرخه

ursinho de pelúcia

خرس عروسکی

guarda-roupa

کمد لباس

vestuário

لباس

meias

جوراب

meias pelo joelho

جوراب زنانه ساق بلند

meias-calças

جوراب شلواری

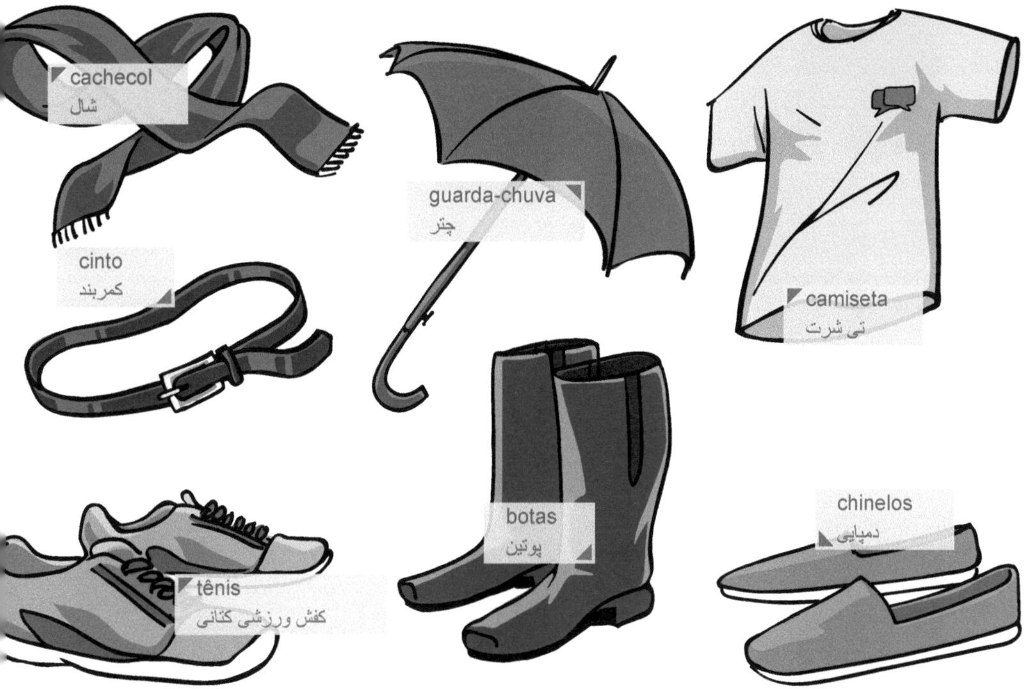

cachecol
شال

guarda-chuva
چتر

camiseta
تی شرت

cinto
کمربند

botas
پوتین

chinelos
دمپایی

tênis
کفش ورزشی کتانی

sandálias

صندل

sapatos

کفش

botas de borracha

چکمه پلاستیکی

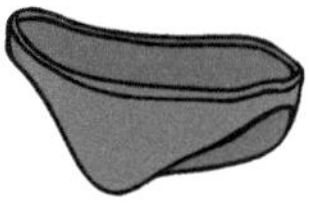

roupa de baixo

شرت

sutiã

سوتین

camiseta de baixo

جلیقه

body

بادى

calças

شلوار

jeans

جين

saia

دامن

blusa

بلوز

camisa

پيراهن

pulôver

پوليور

suéter com capuz

سويى شرتﺍ

blazer

نوعى كت

jaqueta

ژاكت

casaco

كت بلند

gabardine

بارانى

traje

لباس نمايش

vestido

لباس

vestido de casamento

لباس عروس

terno

کت و شلوار

camisola

لباس خواب زنانه

pijama

پیژامه

sari

ساری

lenço de cabeça

روسری

turbante

عمامه

burca

برقع

cafetã

قبا

abaya

عبا

maiô

لباس شنا

sunga

شرت شنا

shorts

شلوارک

roupa de treino

لباس ورزشی

avental

پیشبند

luvas

دستکش

botão

دکمه

óculos

عینک

pulseira

دستبند

colar

گردنبند

anel

انگشتر

brinco

گوشواره

boné

کلاه لبه دار

cabide

چوب لباسی

chapéu

کلاه

gravata

کراوات

zíper

زیپ

capacete

کلاه ایمنی

suspensórios

بند شلوار

uniforme escolar

لباس مدرسه

uniforme

لباس فرم

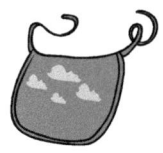

babador

پیش بند بچه

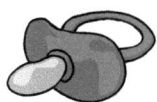

chupeta

پستانک

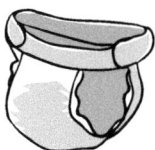

fralda

پوشک بچه

escritório

اداره

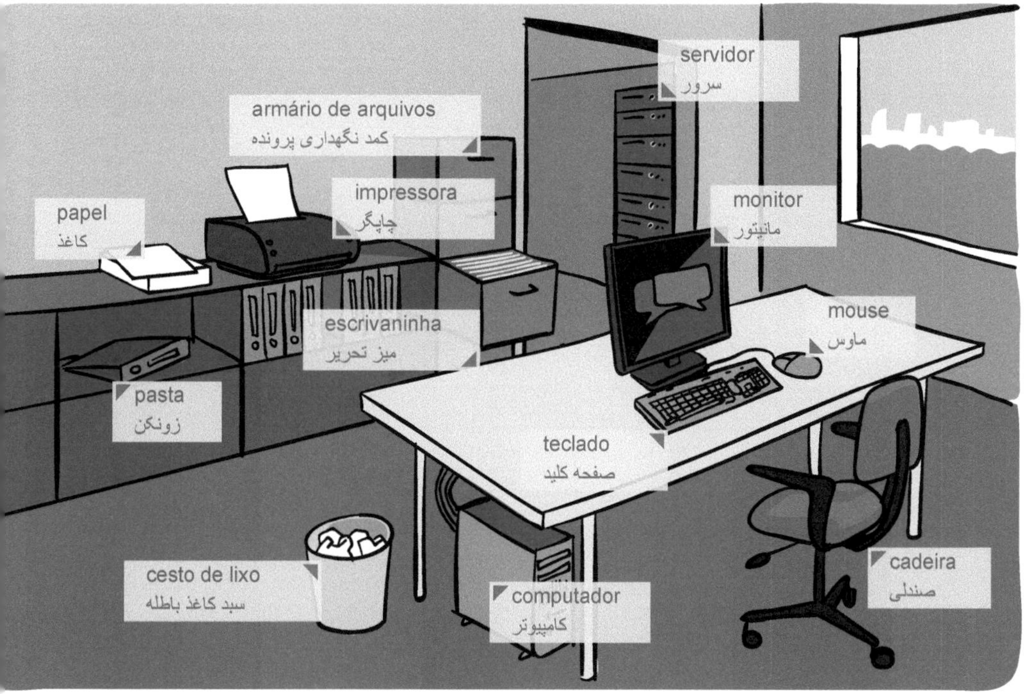

servidor
سرور
armário de arquivos
کمد نگهداری پرونده
impressora
چاپگر
papel
کاغذ
monitor
مانیتور
mouse
ماوس
escrivaninha
میز تحریر
pasta
زونکن
teclado
صفحه کلید
cesto de lixo
سبد کاغذ باطله
computador
کامپیوتر
cadeira
صندلی

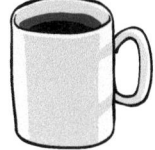

xícara de café

لیوان قهوه

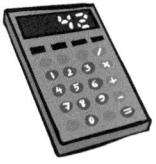

calculadora

ماشین حساب

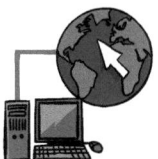

internet

اینترنت

laptop

لپ تاپ

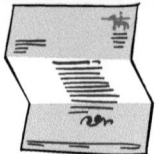

carta

نامه

mensagem

پیغام

celular

تلفن همراه

rede

شبکه ی ارتباطی

copiadora

دستگاه فتوکپی

software

نرم افزار

telefone

تلفن

tomada

پریز

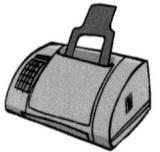

fax

دستگاه فاکس

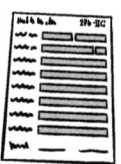

formulário

فرم

documento

مدرک

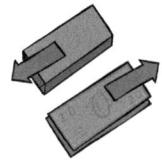

comprar

خریدن

pagar

پرداخت کردن

negociar

تجارت کردن

dinheiro

پول

Dólar

دلار

Euro

یورو

Yen

ین

rublo

روبل

franco suíço

فرانک سوئیس

renminbi yuan

یوان رنمینبی

rupia

روپیه

caixa eletrônico

دستگاه خودپرداز

casa de câmbio

صرافى

ouro

طلا

prata

نقره

petróleo

نفت

energia

انرژى

preço

قيمت

contrato

قرارداد

imposto

ماليات

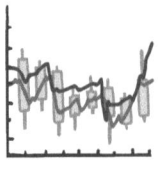

ação

سهام سرمايه

trabalhar

كار كردن

empregado

كارمند

empregador

كارفرما

fábrica

كارخانه

loja

مغازه

profissões

مشاغل

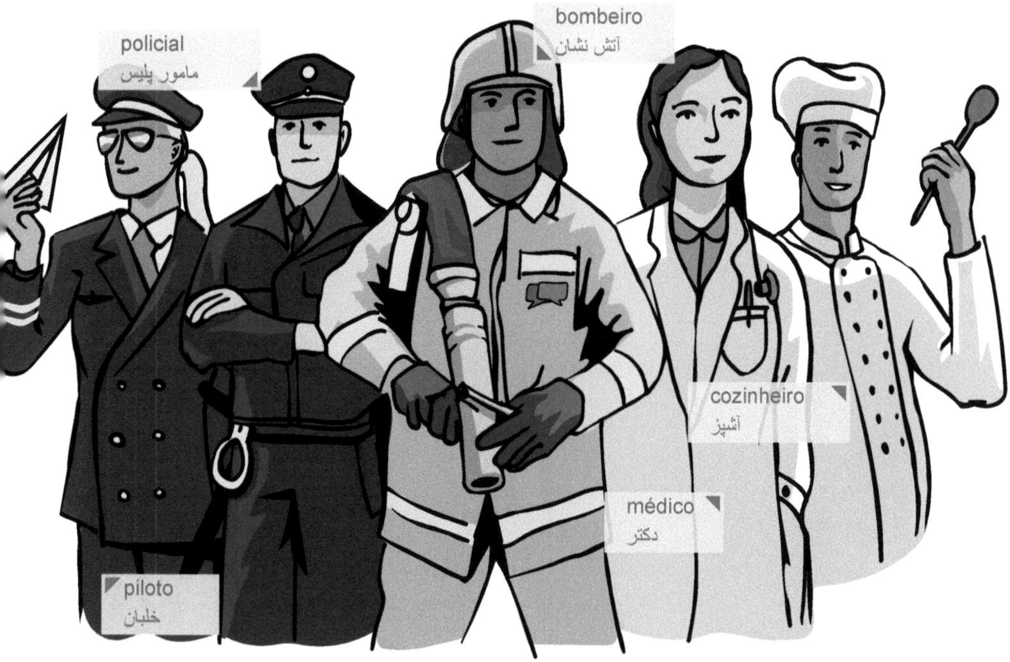

policial
مامور پلیس
bombeiro
آتش نشان
cozinheiro
آشپز
médico
دکتر
piloto
خلبان

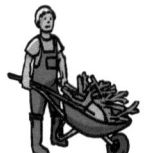

jardineiro

باغبان

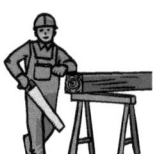

marceneiro

نجار

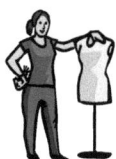

costureira

خیاط زنانه

juiz

قاضی

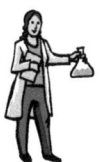

químico

شیمیدان

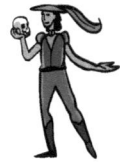

ator

بازیگر

motorista de ônibus

راننده اتوبوس

motorista de táxi

راننده تاکسی

pescador

ماهیگیر

faxineira

نظافتچی زن

telhador

سقف ساز

garçom

پیشخدمت رستوران

caçador

شکارچی

pintor

نقاش

padeiro

نانوا

eletricista

برقکار

construtor

کارگر ساختمانی

engenheiro

مهندس

açougueiro

قصاب

encanador

لوله کش

carteiro

پستچی

soldado

سرباز

arquiteto

معمار

caixa

صندوقدار

florista

گل فروش

cabelereiro

آرایشگر

condutor

مامور کنترل بلیط در قطار

mecânico

مکانیک

capitão

ناخدا

dentista

دندانپزشک

cientista

دانشمند

rabino

عالم یهودی

imam

امام

monge

راهب

pastor

کشیش

ferramentas
ابزارآلات

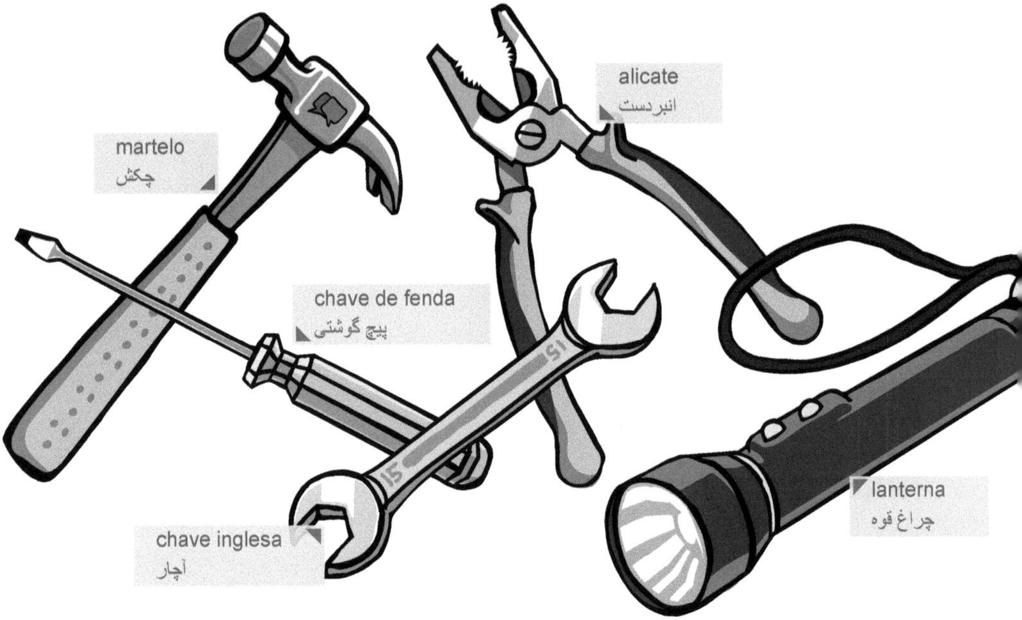

martelo
چکش
alicate
انبردست
chave de fenda
پیچ گوشتی
lanterna
چراغ قوه
chave inglesa
آچار

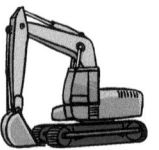

escavadora

بیل مکانیکی

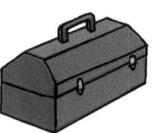

caixa de ferramentas

جعبه ابزار

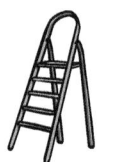

escada de mão

نردبان

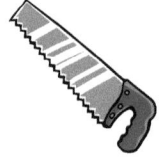

serra

ارّه

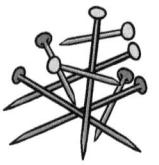

pregos

میخ

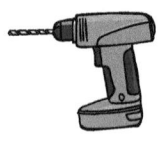

furadeira

مته

consertar

تعمیر کردن

pá

بیل

Droga!

لعنتی!

pá de lixo

خاک انداز

pote de tinta

سطل رنگرزی

parafusos

پیچ

instrumentos musicais

آلات موسیقی

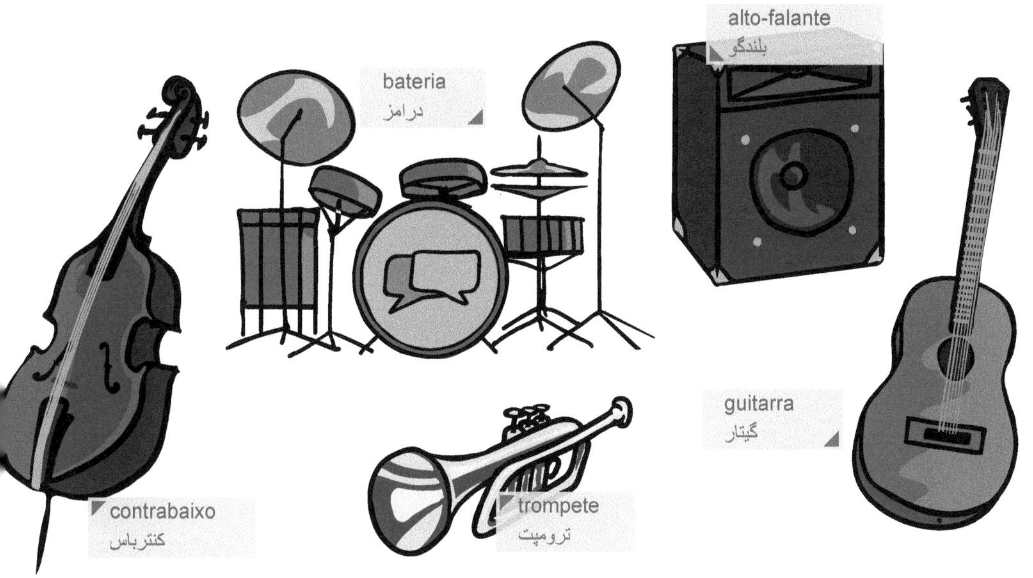

alto-falante
بلندگو

bateria
درامز

guitarra
گیتار

contrabaixo
کنترباس

trompete
ترومپت

piano

پیانو

violino

ویولن

baixo

گیتار بیس

timbales

تیمپانی

tambor

طبل

teclado

کیبورد الکتریک

saxofone

ساکسیفون

flauta

فلوت

microfone

میکروفون

zoológico

باغ وحش

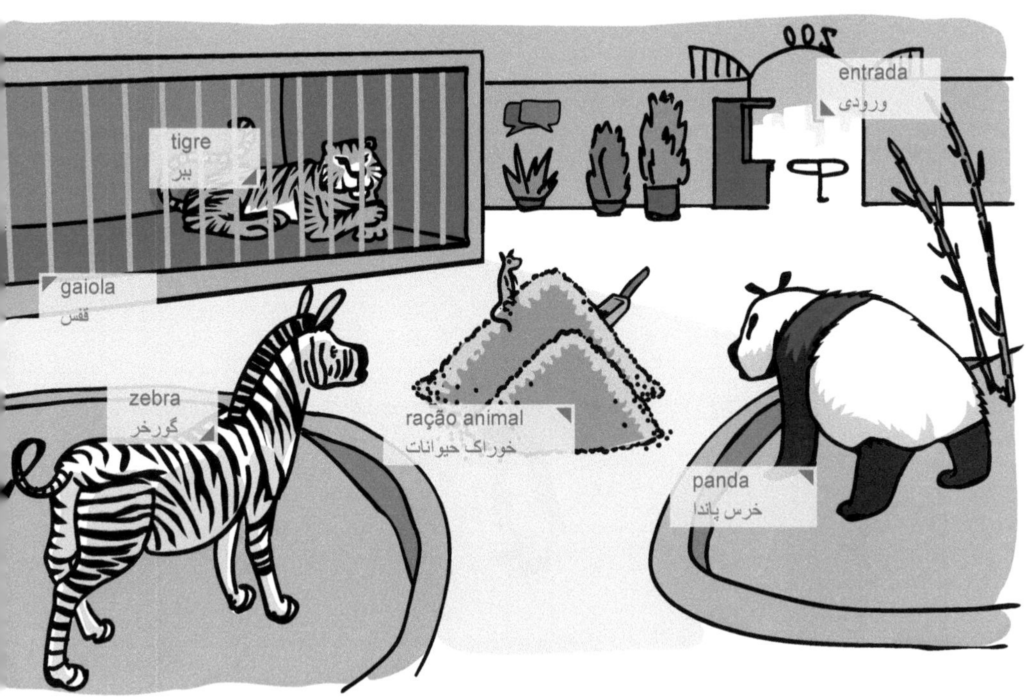

entrada
ورودی
tigre
ببر
gaiola
قفس
zebra
گورخر
ração animal
خوراک حیوانات
panda
خرس پاندا

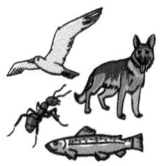

animais

حیوانات

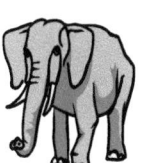

elefante

فیل

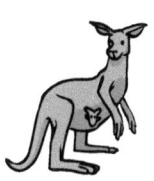

canguru

کانگورو

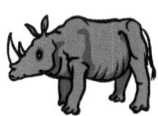

rinoceronte

کرگدن

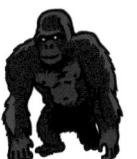

gorila

گوریل

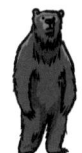

urso

خرس

camelo

شتر

avestruz

شترمرغ

leão

شیر

macaco

میمون

flamingo

فلامینگو

papagaio

طوطی

urso polar

خرس قطبی

pinguim

پنگوئن

tubarão

کوسه

pavão

طاووس

cobra

مار

crocodilo

تمساح

guarda do zoológico

نگهبان باغ وحش

foca

خوک آبی

jaguar

پلنگ امریکایی

pônei

اسب کوچک

leopardo

پلنگ

hipopótamo

اسب آبی

girafa

زرافه

águia

عقاب

javali

گراز

peixe

ماهی

tartaruga

لاک پشت

morsa

شیرماهی

raposa

روباه

gazela

غزال

futebol americano
فوتبال آمریکایی

ciclismo
دوچرخه سواری

tênis
تنیس

basquete
بسکتبال

natação
شنا

boxe
بوکس

hóquei no gelo
هاکی روی یخ

futebol
فوتبال

badminton
بدمینتون

atletismo
دوومیدانی

handebol
هندبال

esqui
اسکی

polo
پولو

atividades
فعالیت ها

rir
خندیدن
pular
پریدن
abraçar
بغل کردن
andar
راه رفتن
cantar
آواز خواندن
sonhar
رؤیا دیدن
rezar
دعا کردن
beijar
بوسیدن

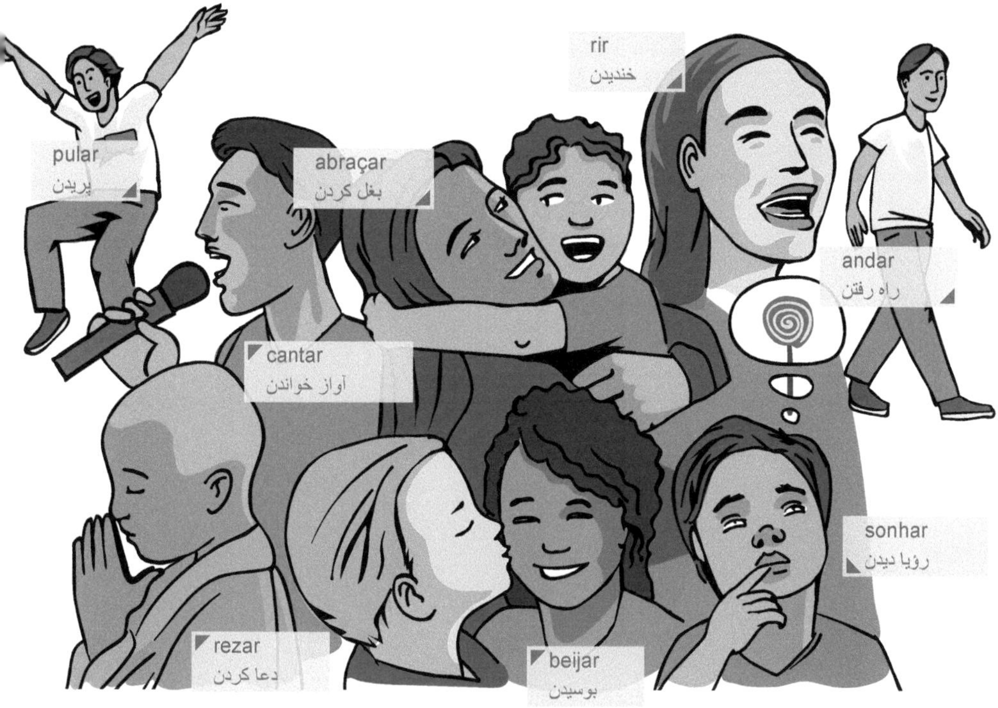

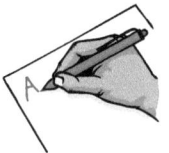

escrever
نوشتن

desenhar
رسم کردن

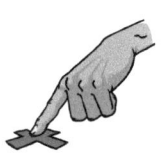

mostrar
نشان دادن

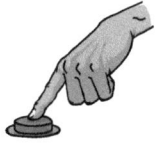

empurrar
هل دادن

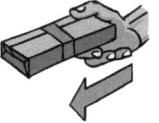

dar
دادن

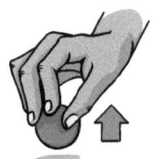

tomar
برداشتن

ter

داشتن

fazer

انجام دادن

ser

بودن

ficar de pé

ایستادن

correr

دویدن

puxar

کشیدن

jogar

پرتاب کردن

cair

افتادن

deitar

دراز کشیدن

esperar

منتظر بودن

carregar

حمل کردن

sentar

نشستن

vestir

لباس پوشیدن

dormir

خوابیدن

despertar

بیدار شدن

olhar para

تماشا کردن

chorar

گریه کردن

acariciar

نوازش کردن

pentear

شانه کردن

falar

حرف زدن

entender

فهمیدن

perguntar

پرسیدن

ouvir

شنیدن

beber

آشامیدن

comer

خوردن

arrumar

مرتب کردن

amar

عاشق بودن

cozinhar

پختن

dirigir

رانندگی کردن

voar

پرواز کردن

velejar

قایقرانی کردن

calcular

محاسبه کردن

ler

خواندن

aprender

یاد گرفتن

trabalhar

کار کردن

casar

ازدواج کردن

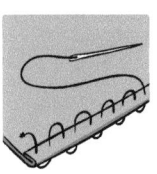

costurar

دوختن

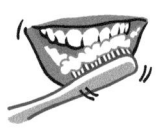

escovar os dentes

مسواک زدن

matar

کشتن

fumar

سیگار کشیدن

enviar

فرستادن

avó
مادربزرگ

avô
پدربزرگ

pai
پدر

mãe
مادر

bebê
کودک

filha
فرزند دختر

filho
فرزند پسر

convidado

مهمان

tia

خاله، عمه

tio

دایی، عمو

irmão

برادر

irmã

خواهر

corpo

بدن

testa
پیشانی
olho
چشم
ombro
شانه
dedo
انگشت دست
rosto
صورت
queixo
چانه
mão
دست
peito
سینه
perna
ساق پا
braço
بازو

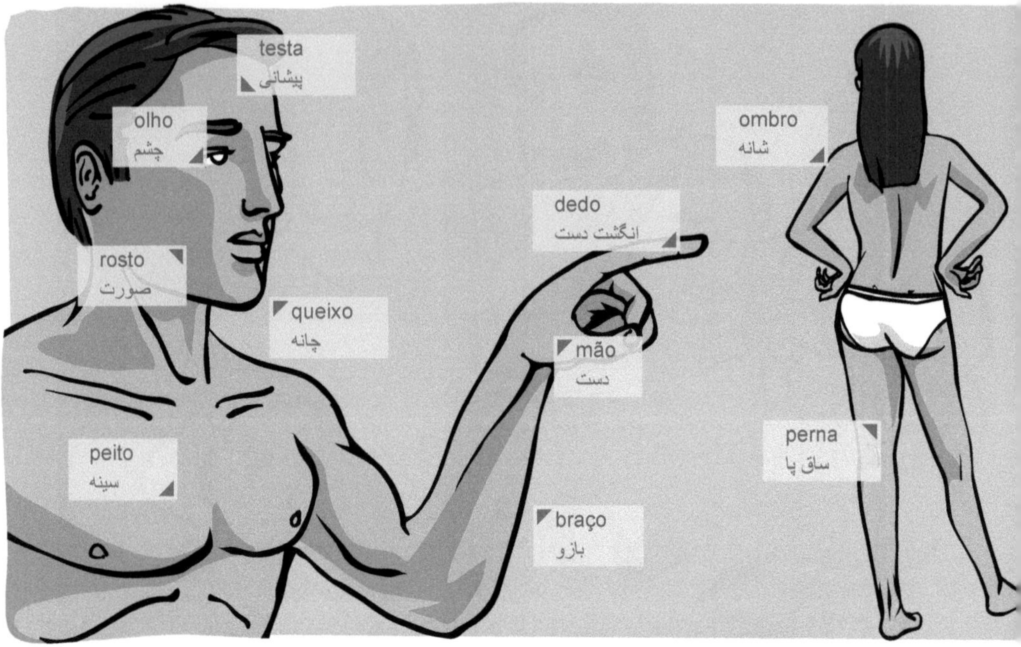

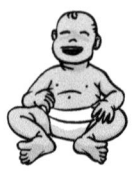

bebê

کودک

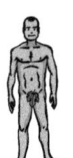

homem

مرد

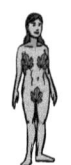

mulher

زن

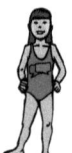

menina

دختربچه

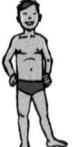

menino

پسربچه

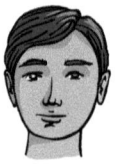

cabeça

کله

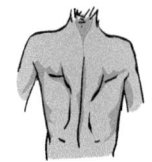

costas

كمر

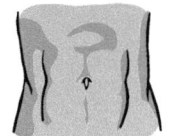

barriga

شكم

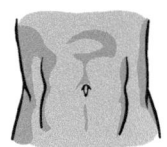

umbigo

ناف

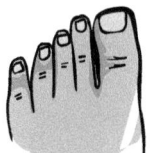

dedo do pé

انگشت پا

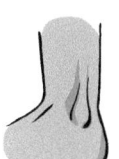

calcanhar

پاشنه

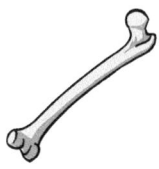

osso

استخوان

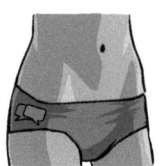

anca

لگن

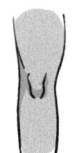

joelho

زانو

cotovelo

آرنج

nariz

بینی

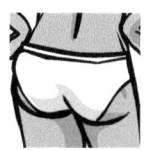

nádegas

نشیمنگاه

pele

پوست

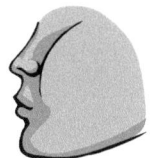

bochecha

گونه

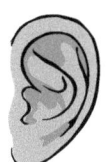

orelha

گوش

lábio

لب

boca

دهان

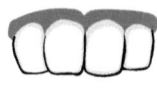

dente

دندان

língua

زبان

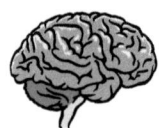

cérebro

مغز

coração

قلب

músculo

عضله

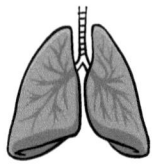

pulmão

ريه

fígado

كبد

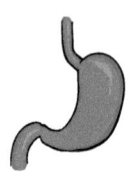

estômago

معده

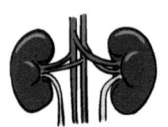

rins

كليه

relações sexuais

آميزش جنسى

preservativo

كاندوم

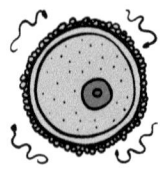

óvulo

تخمک

esperma

اسپرم

gravidez

حاملگى

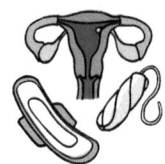

menstruação

پریود

vagina

واژن

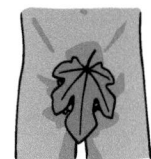

pênis

آلت تناسلی مرد

sobrancelha

ابرو

cabelo

مو

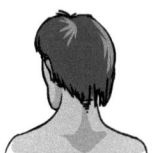

pescoço

گردن

hospital

بیمارستان

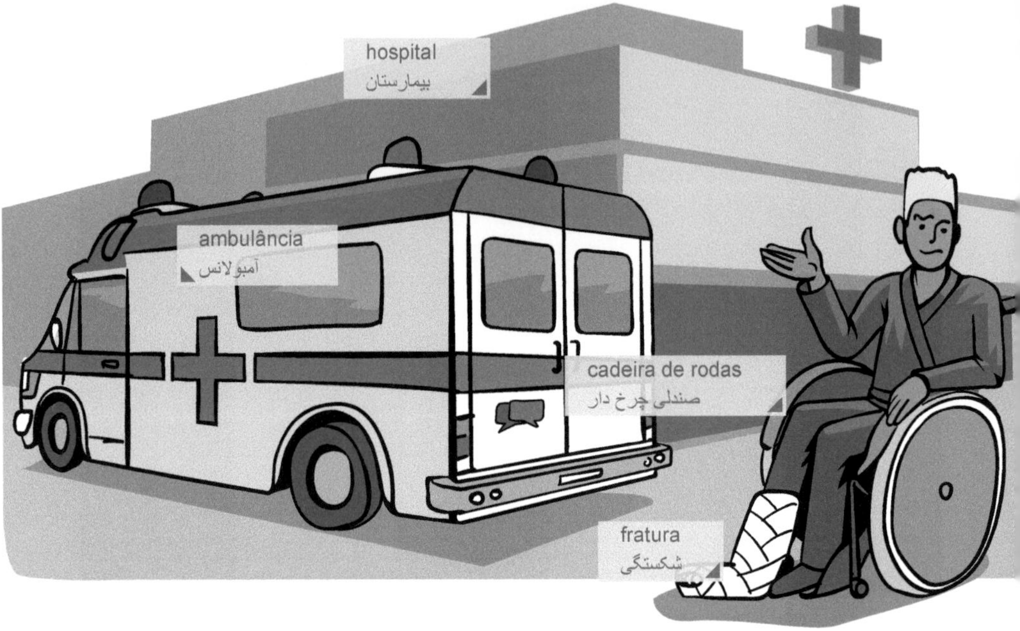

hospital
بیمارستان
ambulância
آمبولانس
cadeira de rodas
صندلی چرخ دار
fratura
شکستگی

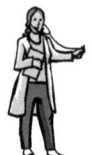

médico

دکتر

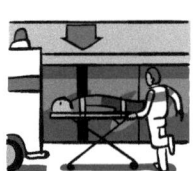

pronto-socorro

بخش اورژانس

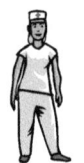

enfermeira

پرستار

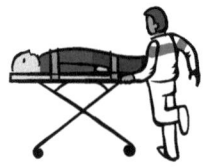

emergência

موقعیت اضطراری

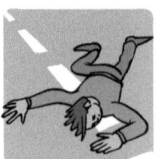

inconsciente

بی هوش

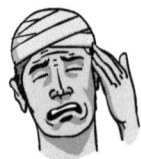

dor

درد

ferimento

مصدومیت

hemorragia

خونریزی

ataque cardíaco

سکته قلبی

acidente vacular cerebral

سکته مغزی

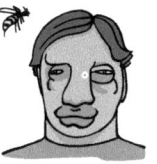

alergia

آلرژی

tosse

سرفه

febre

تب

gripe

آنفولانزا

diarreia

اسهال

dor de cabeça

سردرد

câncer

سرطان

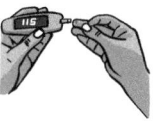

diabetes

دیابت

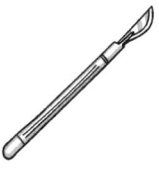

cirurgião

جراح

bisturi

چاقوی جراحی

operação

عمل جراحی

CT

سی تی اسکن

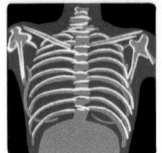

raio x

پرتونگاری

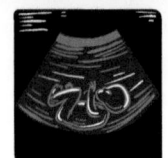

ultrassom

سونوگرافی

máscara

ماسک صورت

doença

بیماری

sala de espera

اتاق انتظار

muleta

چوب زیر بغل

bandeide

چسب زخم

ligadura

پانسمان

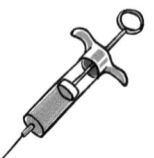

injeção

تَزریق

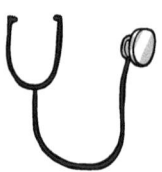

estetoscópio

گوشی طبی

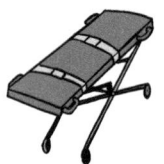

maca

برانکار

termômetro

دماسنج

nascimento

زایش

excesso de peso

اضافه وزن

aparelho auditivo

سمعک

desinfetante

ماده ضد غفونی کننده

infecção

عفونت

vírus

ویروس

HIV / AIDS

اچ آی وی / ایدز

medicamento

دارو

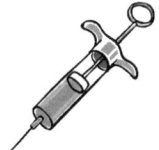

vacinação

واکسیناسیون

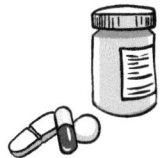

comprimidos

قرص

pílula

قرص ضد حاملگی

chamada de emergência

تماس اظطراری

dispositivo de medição de pressão arterial

دستگاه اندازه گیری فشارخون

doente / saudável

مریض / سالم

Socorro!

کمک!

alarme

آژیر خطر

assalto

حمله

ataque

حمله ی فیزیکی

perigo

خطر

saída de emergência

خروج اظطراری

Fogo!

آتش

extintor de incêndios

کپسول آتش نشانی

acidente

تصادف

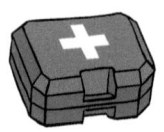

maleta de primeiros
socorros

جعبه کمک های اولیه

SOS

درخواست کمک

polícia

پلیس

Europa

اروپا

América do Norte

آمریکای شمالی

América do Sul

آمریکای جنوبی

África

أفریقا

Ásia

آسیا

Austrália

استرالیا

Atlântico

اقیانوس اطلس

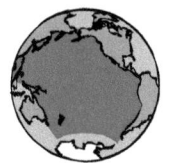

Pacífico

اقیانوس آرام

Oceano Índico

اقیانوس هند

Oceano Antártico

اقیانوس اطلس جنوبی

Oceano Ártico

اقیانوس منجمد شمالی

Polo Norte

قطب شمال

Polo Sul

قطب جنوب

Antártica

قاره قطب جنوب

Terra

كره زمين

terra

سرزمين

mar

دريا

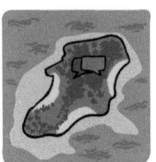

ilha

جزيره

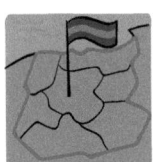

nação

ملت

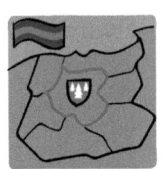

estado

كشور

mostrador do relógio

صفحه ی ساعت

ponteiro das horas

ساعت شمار

ponteiro dos minutos

دقیقه شمار

ponteiro dos segundos

ثانیه شمار

Que horas são?

ساعت چند است؟

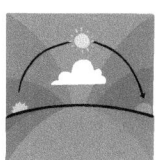

dia

روز

tempo

زمان

agora

اکنون

relógio digital

ساعت دیجیتال

minuto

دقیقه

hora

ساعت

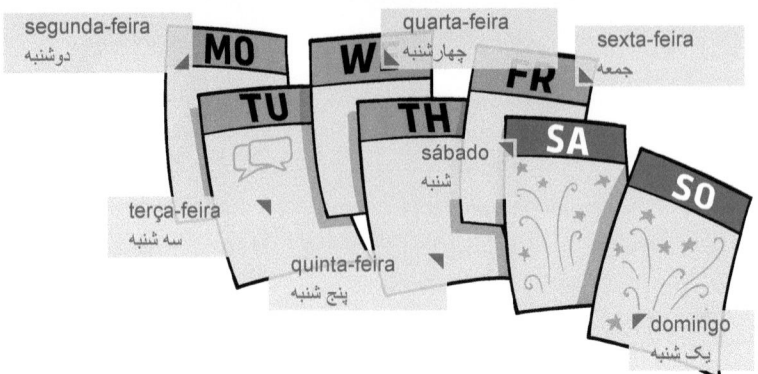

segunda-feira
دوشنبه

quarta-feira
چهارشنبه

sexta-feira
جمعه

terça-feira
سه شنبه

sábado
شنبه

quinta-feira
پنج شنبه

domingo
یک شنبه

ontem

دیروز

hoje

امروز

amanhã

فردا

manhã

صبح

meio-dia

ظهر

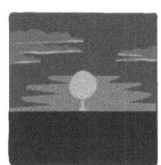

entardecer

غروب

dias úteis

روزهای کاری

fim de semana

آخر هفته

ano

سال

chuva
باران
arco-íris
رنگین کمان
neve
برف
vento
باد
primavera
بهار
outono
پاییز
verão
تابستان
inverno
زمستان

4.APRIL 11°
5.APRIL 4°
6.APRIL 13°
7.APRIL 8°
8.APRIL 10°

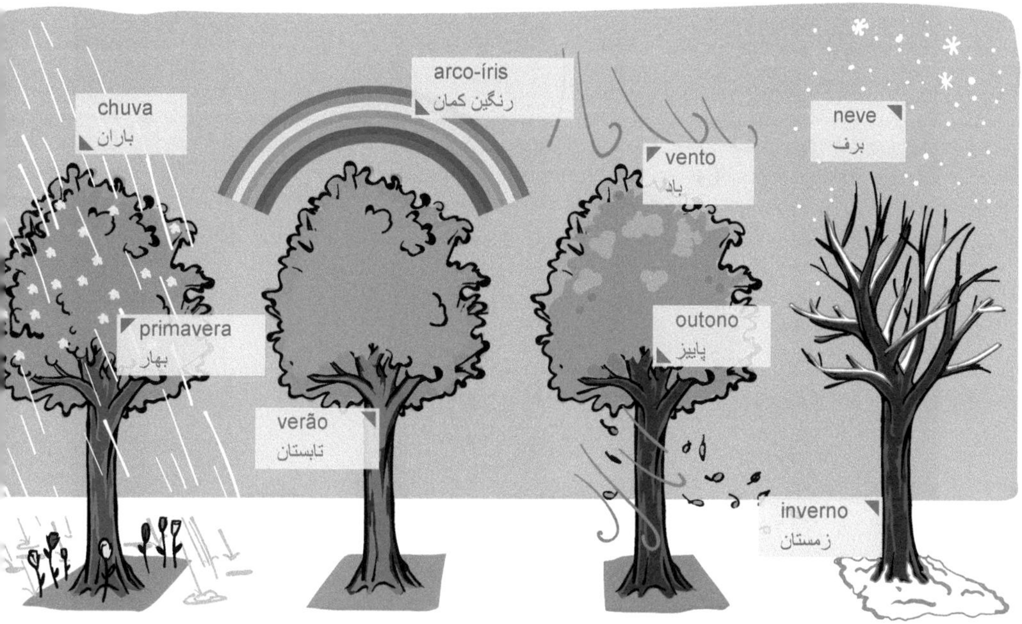

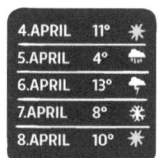

previsão do tempo

....

پیش‌بینی اوضاع جوی

F
C
120
90
60
30
0
-30
40
30
20
10
0
-10
-20

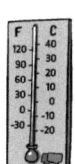

termômetro

....

دماسنج

raio de sol

....

تابش آفتاب

nuvem

....

ابر

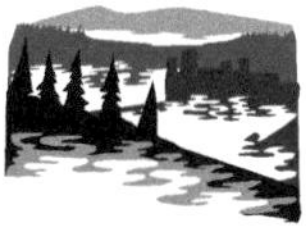

neblina / nevoeiro

....

مِه

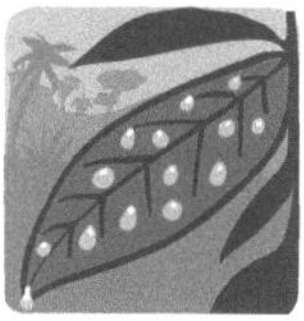

umidade do ar

....

رطوبت هوا

relâmpago

صاعقه

trovão

آسمان غره

tempestade

طوفان

granizo

تگرگ

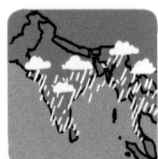

monção

باد موسمی

inundação

سیل

gelo

یخ

janeiro

ژانویه

fevereiro

فوریه

março

مارس

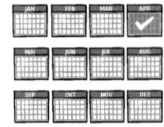

abril

آوریل

maio

مه

junho

ژوئن

julho

ژوئیه

agosto

آگوست

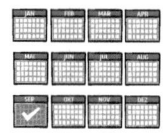

setembro

سپتامبر

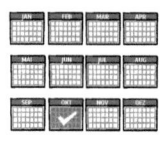

outubro

اکتبر

novembro

نوامبر

dezembro

دسامبر

círculo

دایره

quadrado

مربع

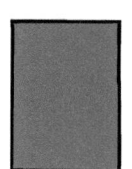

retângulo

مستطیل

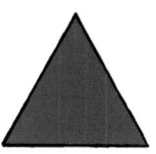

triângulo

سه گوش

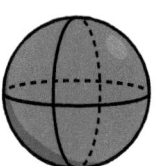

esfera

گره

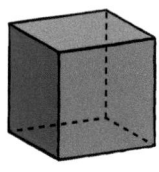

cubo

مکعب مربع

branco

سفید

amarelo

زرد

laranja

نارنجی

rosa

صورتی

vermelho

قرمز

lilás

بنفش

azul

آبی

verde

سبز

marrom

قهوه ای

cinza

خاکستری

preto

سیاه

muito / pouco

خیلی / کم

furioso / tranquilo

خشمگین/ آرام

lindo / feio

زیبا / زشت

começo / fim

شروع / پایان

grande / pequeno

بزرگ / کوچک

claro / escuro

روشن / تیره

irmão / irmã

برادر / خواهر

limpo / sujo

تمیز / آلوده

completo / incompleto

کامل / ناقص

dia / noite

روز / شب

morto / vivo

مرده / زنده

largo / estreito

پهن / باریک

comestível / não comestível

قابل خوردن / غیر قابل خوردن

mau / gentil

غضبناک / مهربان

entusiasmado / entediado

هیجان زده / بی حوصله

gordo / magro

چاق / لاغر

primeiro / último

اولین / آخرین

amigo / inimigo

دوست / دشمن

cheio / vazio

پر / خالی

duro / macio

سفت / نرم

pesado / leve

سنگین / سبک

fome / sede

گرسنگی / تشنگی

doente / saudável

مریض / سالم

ilegal / legal

غیرقانونی / قانونی

inteligente / idiota

باهوش / خنگ

esquerda / direita

چپ / راست

perto / longe

نزدیک / دور

novo / usado

نو / استفاده شده

nada / alguma coisa

هیچ چیز / چیزی

velho / jovem

پیر / جوان

ligado / desligado

روشن / خاموش

aberto / fechado

باز / بسته

baixo / alto

آهسته / بلند

rico / pobre

ثروتمند / فقیر

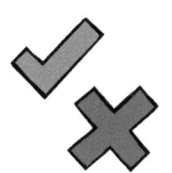

certo / errado

درست / غلط

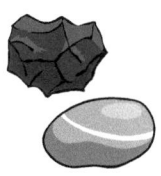

áspero / liso

زبر / صاف

triste / feliz

غمگین / خوشحال

curto / longo

کوتاه / بلند

lento / rápido

کند / تند

molhado / seco

تَر / خُشک

ameno / fresco

گرم / خنک

guerra / paz

جنگ / صلح

0

zero

صفر

1

um

یک

2

dois

دو

3

três

سه

4

quatro

چهار

5

cinco

پنج

6

seis

شش

7

sete

هفت

8

oito

هشت

9

nove

نه

10

dez

دَه

11

onze

یازده

12

doze

دوازده

13

treze

سیزده

14

quatorze

چهارده

15

quinze

پانزده

16

dezesseis

شانزده

17

dezessete

هفده

18

dezoito

هجده

19

dezenove

نوزده

20

vinte

بیست

100

cem

صد

1.000

mil

هزار

1.000.000

milhão

میلیون

inglês

انگلیسی

inglês americano

انگلیسی آمریکایی

chinês mandarim

چینی ماندارین

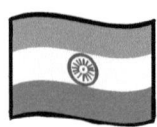

hindi

هندی

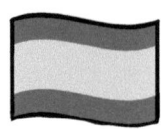

espanhol

اسپانیایی

francês

فرانسوی

árabe

عربی

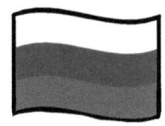

russo

روسی

português

پرتغالی

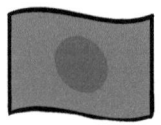

bengalês

بنگالی

alemão

آلمانی

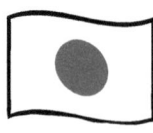

japonês

ژاپنی

eu

من

você

تو

ele / ela

او

nós

ما

vocês

شما

eles / elas

آنها

quem?

چه کسی؟ کی؟

O quê?

چی؟

como?

چگونه؟

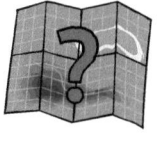

onde?

کجا؟

Quando?

کی؟

nome

نام

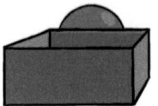

atrás

پشت

em

توی

na frente de

جلو

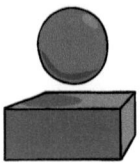

sobre

بالای

em cima

روی

debaixo

زیر

do lado

مجاور

entre

بین

lugar

مکان